Extrait des *Annales de la Société historique et archéologique du Gâtinais*.

FÊTES ET SPECTACLES

DONNÉS A

FONTAINEBLEAU

ET A MONCEAU

EN 1772

RELATION PUBLIÉE AVEC NOTES ET APPENDICES

PAR

Georges MONDAIN - MONVAL

ARCHIVISTE DE LA COMÉDIE FRANÇAISE.

FONTAINEBLEAU

IMPRIMERIE DE ERNEST BOURGES

32, rue de l'Arbre-Sec, 32

—

1888

FÊTES ET SPECTACLES

DONNÉS A

FONTAINEBLEAU

ET AU MONCEAU

EN 1772

RELATION PUBLIÉE AVEC NOTES ET APPENDICES

PAR

GEORGES MONDAIN-MONVAL

FONTAINEBLEAU

IMPRIMERIE DE ERNEST BOURGES

32, rue de l'Arbre-Sec, 32

1888

FÊTES ET SPECTACLES

DONNÉS A

FONTAINEBLEAU ET AU MONCEAU

EN 1772.

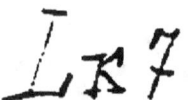

FÊTES ET SPECTACLES

DONNÉS A

FONTAINEBLEAU ET AU MONCEAU

EN 1772.

———

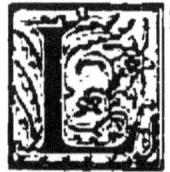E hasard m'a fait rencontrer, il y a une dizaine d'années, chez un brocanteur de Belleville, un petit manuscrit de format in-4°, relié en veau, à tranches rouges, intitulé :

POÉSIES DIVERSES

par Pierre-Anne-Louis Malon de la Varenne,

ancien avocat au Parlement.

(*Différentes pièces renfermées dans ce livre ont été faites par le même auteur, à l'âge de 14 ans.*)

Ce petit recueil commence par une pastorale en vers, intitulée : *Éraste*, qui occupe les cinquante-quatre premières pages.

Elle est immédiatement suivie d'une *Description des Fêtes qui se sont données à l'occasion de la promotion de M. le Marquis de Montmorin au Cordon bleu*, qui comprend les pages 54 à 89.

J'ai tout lieu de croire inédit ce curieux chapitre d'histoire locale, dont je suis heureux de pouvoir offrir la primeur à la *Société archéologique du Gâtinais*.

Cette *Relation*, qui est, non pas de Maton de la Varenne[1], alors âgé seulement de onze ans, mais d'un autre avocat nommé Bénard[2], ne se trouve pas dans le recueil des œuvres du fils de ce dernier[1],

Théâtre et Poésies,

trois volumes manuscrits conservés à la bibliothèque municipale de Fontainebleau et dont un double existe en deux volumes à la bibliothèque de Melun.

Pourquoi figure-t-elle au milieu des poésies de Maton? C'est ce qu'il est difficile de savoir.

Je me borne à la transcrire, en y ajoutant quelques notes relatives aux lieux et aux personnes qui y sont cités, et deux appendices, l'un sur le Monceau, l'autre relatif à la famille de Montmorin.

---

1. Pierre-Anne-Louis Maton de la Varenne, né à Paris, vers 1761, mourut presque oublié à Fontainebleau, rue des Pins, le 26 mars 1813. Homme de lettres, docteur en droit et avocat au Parlement, membre du Musée de Paris, de la Société d'agriculture de Brive et de plusieurs autres Académies, Maton de la Varenne est l'auteur de nombreux mémoires et ouvrages politiques, d'un petit volume fort rare : *Les Crimes de Marat et des autres égorgeurs*, ou : *Ma résurrection* (Paris, 1795, in-18); d'un roman : *Camille et Formose, histoire italienne* (Paris, 1795, in-12) dont une 2e édition parut chez Rochette, en 2 vol. in-18, avec des figures (Paris, 1799) et dont j'ai trouvé le manuscrit avec celui des *Poésies diverses*; du *Journal des Tribunaux et de la législature* (Paris, an VI, 2 vol. in-4o). En 1799, il a publié les *Œuvres posthumes* du Comte Henri Charles Thiard de Bissy (1726-1794). Il avait épousé dame Françoise-Charlotte-Michelle de Calignon de Chaliol.

2. Louis-Adélaïde-Timothée Bénard, né le 24 janvier 1784, fut avocat et juge de paix.

Nous devons à l'extrême obligeance de M. A. Trudelle, chef des bureaux de la mairie de Fontainebleau, communication de l'acte de naissance d'un autre Bénard, *Henri-Julien*, né le 12 décembre 1784, de Me Nicolas-François Bénard, avocat au Parlement, notaire du Roy en cette ville, et de dame Marie-Catherine Bidu. Son père fut un des prédécesseurs de Me Weber.

En 1712, un Jacques Bénard était concierge de l'hôtel d'Albret, à Fontainebleau.

DESCRIPTION

DES FÊTES QUI SE SONT DONNÉES

A L'OCCASION DE LA PROMOTION

DE M. LE MARQUIS DE MONTMORIN AU CORDON BLEU

> . . . . . *ridendo dicere verum*
> *Quid vetat?*
>
> HOR.

Tout le monde connaît la maison de Montmorin, alliée à tout ce que le Royaume honore de plus illustre : tout le monde connaît les dignités et les grades militaires de M. de Montmorin, qu'il doit moins à la splendeur de sa naissance qu'à son mérite personnel et à ses qualités distinctives dans la guerre, qui le faisaient regarder du fameux maréchal de Saxe comme le soldat le plus brave et l'officier le plus capable de son armée; aussi ce grand homme lui avait-il promis, dit-on, de le faire tuer, ou maréchal de France... Il n'appartient qu'aux héros de faire ainsi l'éloge de leurs semblables.

Ce ne fut donc point une surprise, mais un applaudissement universel, lorsque le (8) juin 1773[1], jour de la Pentecôte, huit heures du soir, le canon[2] annonça à la ville[3] que le matin M. de Montmorin avait été nommé par le Roy chevalier de ses ordres[4].

Une infinité de lettres, témoignages non équivoques de l'al-

---

1. Lisez : 7 juin 1772. En 1773, la Pentecôte tomba le 30 mai.
2. Ce canon était-il emprunté à la ville de Moret, comme en 1757? (*Par-devant Notaire*, de M. A. Weber, p. 73).
3. De Fontainebleau, dont M. de Montmorin était gouverneur.
4. Saint-Michel et Saint-Esprit. — M. de Montmorin fut nommé le 7 juin 1772, admis le 27 et reçu ou promu le 1er janvier 1773. Cette 3e promotion, qui fut faite dans la chapelle royale du château de Versailles, comprenait 6 chevaliers : les ducs de Bourbon, de Villeroy, de Tresmes, les marquis de Croissy, de Sourches et de Montmorin Saint-Hérem.

légresse et de l'estime publique, lui furent aussitôt adressées. L'une desquelles était ainsi conçue[1] :

> Que Vienne et Madrid vantent leurs Toisons d'Or!
> Que le mérite en Angleterre
> Décoré de la Jarretière
> Paraisse plus brillant encor!
> Le Cordon-Bleu dont s'honore la France
> Sur tous ses ordres désormais
> Doit avoir la prééminence.
> Montmorin, si de tes hauts faits
> Il est la digne récompense.

L'hôtel du Gouvernement[2], depuis l'instant de la nouvelle jusqu'au mardi d'ensuitte[3], ne cessa d'être rempli de monde de tous les rangs, qui venaient complimenter Madame de Montmorin sur un si glorieux événement. Son affabilité et une présence d'esprit rare la faisaient suffire à tous. Elle écoutait les compliments de chacun, et y répondait avec une grâce et des manières aisées qui enchantaient.

La joie du public ne fut pas alors, comme elle est souvent, une flamme inconstante et légère, qu'une étincelle a allumée, et que le moindre souffle fait évanouir : c'était un feu pur et actif, que le cœur seul entretenait avec soin, et dont la reconnaissance était le principal aliment.

On ne s'occupa plus que de la réception que l'on devait faire à M. de Montmorin, dont l'arrivée était indiquée pour le 8 juillet. Se mettre sous les armes parut à tous égards le plus convenable, une réception militaire devant flatter un guerrier, et chaque citoyen étant ainsi à même d'être employé dans une si agréable fête.

Dans ces sortes d'occasions, on a assez de peine à piquer d'émulation le menu peuple qui ne s'intéresse guères pour ce qui n'intéresse pas directement lui, ni son intérêt. Mais ici l'on

---

1. C'est M. Bénard lui-même qui l'a adressée. (Note du manuscrit.)
2. Qui venait d'être reconstruit, rue de Nemours (aujourd'hui boulevard Magenta). — Un arrêt du 9 avril 1764 ordonnait l'emploi en dépense, dans l'état du Roi, d'une somme de 120,000 liv. pour être utilisée à cette reconstruction.
3. 9 juin.

a plus eu besoin de frein que d'éperons. La multitude témoigna une ardeur incroyable, et les ouvriers ne pouvaient suffire à l'apprêt des uniformes.

Les troupes pouvaient monter à 7 ou 800 hommes :

1º Une compagnie de grenadiers, uniforme bleu, paremens jaunes;

2º Six compagnies de milice bourgeoise, sans uniforme;

3º Une compagnie de volontaires, uniforme rouge, paremens blancs;

Ces huit compagnies étaient précédées d'autant de tambours et de deux fifres.

4º Une compagnie de cavalerie, uniforme bleu, paremens rouges; deux trompettes et un timbalier marchaient en tête;

5º Une compagnie de dragons avec une très jolie musique.

En général, toutes ces troupes étaient très bien équipées. Il ne leur manquait rien de tout l'attirail militaire, ayant même à leur suite un chariot chargé de vivres et un hôpital ambulant, qui revinrent heureusement tous deux vuides.

Le dimanche 5 juillet[1], il y eut assemblée de ville, pour régler l'ordre de la marche. A commencer de ce jour, on n'entendit plus de tous côtés que le son des tambours et des fifres. Chacun était en action pour avoir son équipage prêt au jour marqué : on courait dans tous les quartiers aux armes. On eût dit que la ville allait soutenir un siège.

Le mardi[2], veille de l'arrivée, tous les corps d'officiers se promenèrent séparément, et se firent voir par toute la ville dans leurs uniformes, et au son de leurs instrumens; ce qui fut un prélude fort gai pour le lendemain.

Enfin, l'aurore du jour tant désiré[3] se levait à peine que les fifres et les tambours firent entendre au loin leurs retentisse-

---

1. 1772. — Les archives de Fontainebleau ne conservent aucun des procès-verbaux de cette époque, pour cette raison que la municipalité ne fut constituée dans cette ville que très tardivement, en 1784.

2. 7 juillet.

3. Mercredi 8 juillet.

mens, et allèrent troubler le dieu des Songes jusques dans les alcôves les plus reculées.

C'était un spectacle satisfaisant de voir le zèle et le contentement qui animaient tous les cœurs. La ville entière était en fermentation ; les boutiques fermées, les maisons désertes, chacun étant dehors pour voir passer les différens corps de troupes qui traversaient continuellement les rues.

Le rendez-vous général était pour onze heures à la place d'Armes qui, quoique belle et spacieuse, suffisait à peine pour contenir tant de monde.

L'on partit de là à midy, pour passer en revue dans les petits jardins du château, devant Madame de Montmorin, qui s'y était rendue accompagnée d'une cour distinguée.

D'abord parurent les coureurs qui vinrent la saluer de la part des chefs, et lui dire par où les troupes allaient défiler.

Elles marchaient dans cet ordre :

1° Les 8 tambours et les deux fifres de la milice bourgeoise commandés par un tambour-major, dont la bonne mine réjouissait[1].

2° La compagnie des grenadiers, les 6 compagnies de milice bourgeoise, et la compagnie de volontaires. Une vivandière bouffonne venait après, menant un mulet chargé de sonnettes et de munitions de bouche.

3° Le timbalier et les trompettes de la cavalerie en tête de la compagnie.

4° Enfin, les dragons, dont la musique flattait autant les oreilles, que le reste satisfaisait les yeux.

La marche était fermée par un chariot plein de provisions, que conduisait un vivandier d'une figure et d'un habillement grotesques ; suivi d'un autre chariot destiné à servir d'hôpital, et dans lequel étaient les deux inutiles chirurgiens-majors de toutes les troupes.

Les officiers et drapeaux firent le salut à madame la Marquise, qui le leur rendit à chacun de l'air le plus gracieux. La satisfaction rayonnait sur son visage. Tout partit à 3 heures pour

---

1. M. Morel.

aller au-devant de M. de Montmorin¹. Les officiers et gardes chasses de la capitainerie ainsi que ceux de la maîtrise, l'attendaient à Chailly². Les dragons étaient trois quarts de lieüe en deçà : la cavalerie, à moitié chemin ; l'exempt de maréchaussée à la tête de sa brigade, entre la croix³ et la montagne : l'infanterie était restée en bas.

Au premier courrier que l'on vit arriver, un coup de canon en donna le signal à la ville qu'on eût cru alors inhabitée, la plus grande partie des citoyens étant sur le chemin, et le reste autour de l'hôtel du gouvernement.

Sur les 7 heures, M. le Marquis parut au pied de la montagne, escorté de tous les cavaliers qui s'étaient trouvés à sa rencontre depuis Chailly. Ce fut là qu'il reçut son premier compliment et celui qui le flatta le plus, de la part de madame la Marquise qui lui envoyait un carosse brillant dans lequel il monta avec le comte de Montmorin, son fils⁴, au bruit de toute l'artillerie, de tous les instrumens, et des applaudissemens d'une infinité de spectateurs tant de la ville que des païs circonvoisins, que la curiosité avait amenés, et qui bordaient un long espace de chemin.

Tous les corps généralement rassemblés dans cet endroit prirent M. de Montmorin et le conduisirent à son hôtel, à peu près dans l'ordre qu'on a déjà dit ; excepté que MM. de la maîtrise marchaient les premiers. Madame la Marquise, avec une cour encore plus nombreuse que celle du matin, l'attendait et le reçut à sa descente de voiture sous son vestibule.

Les troupes entrèrent, manœuvrèrent et défilèrent dans la première cour devant M. de Montmorin, pendant que différens corps de la ville qui l'avaient attendu à l'hôtel lui adressaient alternativement des complimens, du nombre desquels celui du curé⁵ fut généralement trouvé long.

---

1. Sur la route de Paris (par Ponthierry, Essonne, Juvisy et Villejuif).

2. Chailly-en-Bière, à 3 lieues de Fontainebleau.

3. La croix du Grand-Veneur.

4. Louis-Victoire-Hippolyte Luce, le filleul de Louis XV, alors âgé de neuf ans et demi.

5. M. Meynier, curé de Fontainebleau depuis 1760, eut pour successeurs Jean Chaulon (1775) et Daye (1777).

Mais une compagnie de jeunes demoiselles élégamment habillées en blanc, avec des agrémens couleur de rose, tenant chacune en main une longue baguette surmontée de lauriers, vint l'entourer, et, élevant leurs baguettes et les entrelaçant, formèrent au-dessus de sa tête un ingénieux berceau; une d'elles cependant lui disait les vers suivans[1] :

> Héros de tous les cœurs en ces lieux révéré,
> O MONTMORIN, agréez un hommage
> Par le sentiment préparé,
> D'autant plus pur qu'il est sans étalage.
> De votre auguste dignité
> L'éclat nouveau n'a rien qui nous étonne :
> Du Roy nous louons l'équité,
> Instruites qu'elle ne vous donne
> Rien que depuis longtemps vous n'ayez mérité.
> Mais revenez enfin joüir de votre gloire ;
> Une épouse adorable a droit à vos désirs...
> Le front ceint des lauriers que donne la Victoire,
> Venez cueillir en paix les myrthes des Plaisirs.

Ensuite, accompagnée d'une autre, et elles deux représentant pour toutes, elles offrirent chacune un bouquet, l'une de lauriers, l'autre de myrthes, qui furent très-gracieusement reçus.

Les officiers de justice vinrent après se faire annoncer. Deux huissiers les précédaient. Les magistrats étaient à la tête, ensuite les avocats, enfin les procureurs que l'on admit pour rendre le cortège plus nombreux[1]. Le lieutenant de police[2] ne s'y trouva pas : il se contenta d'aller avec les marguilliers, dont il était pour lors le chef. Le compliment du juge[4] lui coûta probablement moins à faire qu'à dire. Un avocat[5] présenta un papier. On y lisait d'abord : *A M. le marquis de Montmorin, chevalier des Ordres du Roy*. En le déployant, on voyait sur la première page un soleil plein, avec ce vers autour :

> Insignis radiis, proprio que insignior orbe.

Sur la page droite était un autre soleil, dans lequel était un

---

1. Cette pièce est de M. Bénard, auteur de cette *Description*.
2. La remarque est plaisante dans la bouche d'un avocat.
3. M. Thierry de Maugras.
4. M. Jamin, prévôt de Fontainebleau.
5. M. Bénard, l'auteur de cette *Description*.

lion (armes parlantes de M. de Montmorin[1]) avec cet autre vers autour :

Sic gladios inter, sic ignes emicat inter.

L'allusion de l'un et de l'autre est juste et peu embarrassante.

Le crépuscule, précurseur de la nuit, n'avait pas encore disparu, que le jour sembla recommencer dans la ville par la quantité de lumières dont on éclaira toutes les fenêtres.

Mais la générosité de Madame de Montmorin ne le céda pas au zèle des habitants. Plus de 600 pains, des viandes à proportion et plusieurs tonneaux de vin furent distribués au peuple et aux soldats. Il y eut près de 200 personnes à souper à l'hôtel. Tous les officiers y furent splendidement servis à une table de 60 couverts : elle était dressée sous les fenêtres du salon où soupait M. le Marquis et sa compagnie, de sorte que l'on se voyait facilement des deux tables. Voici une chanson impromptuë qu'on leur porta[2] :

Air : *Fanfare de chasse.*

Loin d'ici les chansons à boire !
Dans cet honorable festin,
Amis, ne chantons que la gloire
Dont est couronné MONTMORIN.
Qu'avec zèle chacun s'empresse
A l'envi pour lui faire honneur :
Ce devoir est une allégresse,
On suit le penchant de son cœur.

Voyez la joie étincelante
Qui pétille de toutes parts :
Voyez cette épouse charmante,
Cher objet de tous les regards.
Que tout ici remplit mon âme
D'un sentiment délicieux !
Oui, chers amis, oui, tout m'enflamme,
Je crois voir la table des dieux.

Remarquez comme tout abonde :
Vins exquis et mets délicats.
C'est vraiment la fille de l'onde
Qui fait les honneurs du repas.

---

1. « De gueules, semé de molettes d'argent, au *lion* de même. »
2. M. Bénard est l'auteur de cette chanson.

> Pour flatter cette aimable hôtesse,
> Chantons mille fois ce refrain :
> - Vive à jamais ! vive sans cesse,
> - A jamais vive Montmorin ! -

Enfin, ce jour fortuné se termina par une brillante illumination qu'avait fait préparer madame la Marquise en face de l'hôtel, par des spectacles semblables à ceux des boulevards et de la foire Saint-Germain, et par des danses que l'on poussa bien avant dans la nuit.

Le lendemain[1] suffit encore à peine à M. de Montmorin pour recevoir tous les complimens tant des compagnies que des particuliers qui n'avaient pu se présenter le jour. Sur les 10 heures du soir, toute la ville se rendit un peu au-dessus de l'hôtel du Gouvernement, pour voir un feu d'artifice bien entendu, bien exécuté, et qui fit grand plaisir. On monta la garde à l'hôtel, et les officiers ne parurent qu'en uniforme.

On eût pu croire que les fêtes avaient fini avec le feu, du moins pour la ville (car on ne parle pas des plaisirs intérieurs de l'hôtel, dont l'aimable vivacité de toutes les personnes distinguées qui y étaient assemblées sçut faire une chaine non interrompuë); mais l'esprit actif et les inclinations enjouées et populaires de madame la Marquise lui firent trouver moyen de faire partager encore au public les divertissemens ingénieux qui se donnèrent à plusieurs reprises, et auxquels différentes occasions qui semblaient s'offrir comme d'elles-mêmes, donnèrent lieu.

Le bruit s'étant répandu que pour le dimanche suivant[2], il se préparait une fête à une maison seigneuriale et de plaisance, appelée LE MONCEAU[3], éloignée de Fontainebleau d'une petite demie heure de chemin, appartenant à M. de Montmorin, et que ses vassaux, tant ceux de l'endroit même que des paroisses

---

1. Jeudi 9 juillet.
2. 12 juillet.
3. Voir l'appendice I sur le Monceau, dont M. de Montmorin n'était qu'usufruitier.

circonvoisines qui en relèvent[1], devaient l'y recevoir sous les armes; la curiosité permit à bien peu de personnes de rester dans la ville. On ne pouvait voir avec indifférence la joie naïve et épanouie de tous ces bons habitans, et sans surprise tout ce que l'émulation et le désir de plaire et de faire honneur à leur seigneur, leur firent exécuter. Ce que l'on est obligé de dire, c'est qu'ils ne le cédèrent en rien à ceux de Fontainebleau pour le zèle, et en bien peu pour le reste, aucune dépense ne les ayant effrayés. Leur nombre n'était pas si grand à beaucoup près: néanmoins ils avaient leurs fifres et leurs tambours, leurs grenadiers, leurs volontaires, leur milice bourgeoise, avec des timbales et des trompettes; enfin, excepté les dragons qu'ils n'avaient pas, leurs troupes étaient la parodie exacte de celles de Fontainebleau.

De l'hôtel du Gouvernement, il n'y a que le château et le parc à traverser pour arriver au Monceau. Madame de Montmorin s'y rendit sur les cinq heures. Elle passa au milieu de toutes les troupes sous les armes, qui lui firent le salut ordinaire. Plusieurs jardiniers, laboureurs et vignerons, tenant chacun son outil en main, et rangés en file, lui firent aussi le salut. Elle fut complimentée par le desservant de la cure d'Avon à la tête des syndics et marguilliers de sa paroisse. Une troupe nombreuse de jeunes garçons et de jeunes filles habillés en bergers en fit de même, et eut l'honneur de lui offrir un bouquet qu'elle reçut avec sa bonté ordinaire. Elle trouva qu'une bonne partie de la compagnie qu'elle avait fait inviter l'avait déjà précédée; et dehors une prodigieuse quantité de monde. La compagnie ne tarda pas à être complette, et bientôt on n'attendit plus que M. de Montmorin. La cavalerie l'avait été recevoir à l'entrée du parc, d'où elle l'escorta jusqu'à son château, où il fut reçu comme on le laissse à penser, pour ne pas se répéter.

Il fut complimenté, comme madame la Marquise, par le desservant d'Avon[2] qui s'en tira fort joliment. Mais le prieur des

---

[1]. Avon, Thomery, Samois, Bois-le-Roy.
[2]. M. l'abbé Delaistre.

Carmes[1], malgré sa bonne mine et cet air assuré que lui donne son état... chose inouïe! au milieu de sa première période, le rata net. Trois fois il se frotta le front: trois fois levant les yeux au ciel qui lui servait de plafond, il sembla vouloir y lire son discours; et trois fois le Carme se reconnut et demeura court. Ce que quelques uns feront peut-être difficulté de croire, comme tant d'autres qui ne laissent pas d'être. Il eut cependant lieu d'être content de M. de Montmorin, qui témoigna avec beaucoup de bonté lui tenir compte de son travail et de sa bonne volonté. La manière dont il reçut celui des bergers et bergères, ainsi que leur bouquet, dut aussi les flatter infiniment.

A la distance de plusieurs portées de fusil de la première porte du château, le chemin était palissadé de charmilles que l'on avait fort proprement arrangées. L'entrée du château pouvait se prendre pour un arc-de-triomphe : elle était tapissée et ornée de guirlandes et de festons faits avec des branches d'arbres mêlées de feuilles odoriférantes entrelacées avec goût. La cour était distribuée en plusieurs cabinets de charmille que remplissaient différens joueurs d'instrumens payés par madame la Marquise pour faire danser tout le monde jusqu'au lendemain. On ne doit pas omettre que la musique des dragons de Fontainebleau était très bien remplacée ici par quatre musiciens allemans, qui, ayant été rencontrés quelques jours auparavant, avaient été retenus pour la fête, et payés en conséquence. Ce qui montre combien la campagne voulait peu céder à la ville. En effet, proportion gardée, s'il y avait eu un prix pour ceux qui auraient mieux fait les choses, on eût été embarrassé de le donner.

Environ sur les 7 heures, on vit sortir M. de Montmorin suivi de toute sa cour. Aussitôt, de dessus une estrade à laquelle on n'avait pas fait attention, le chef des bergers appela tous les assistans à la représentation d'une pièce cham-

---

1. Carmes-Billettes, du couvent et prieuré Saint-Nicolas des Basses-Loges.

pêtre intitulée LES AMANS HEUREUX, *ou la Fête du Jour*[1]. On se rendit aussitôt en foule de ce côté-là, et dès que M. le Marquis et toute sa suite furent placés, la pièce commença.

C'était, comme on devait bien s'y attendre, un compliment, mais d'un goût tout nouveau, et très joliment tourné. On fut extrêmement satisfait de la pièce et des acteurs, et (exactitude force à le dire) enchanté singulièrement de mademoiselle de Banneville, sœur de Madame de Montmorin, qui, dans cette pièce, comme dans celles qui se donnèrent depuis, fut toujours chargée du principal rôle, et pour son début s'en acquitta avec une aisance étonnante, qui aurait presque fait croire et donné envie de dire, comme le Marquis de Mascarille dans les *Précieuses ridicules*, mais sans plaisanterie, que les gens de qualité sçavent tout sans avoir jamais rien appris.

La pièce finie, M. de Montmorin rentra : ceux de la ville coururent souper à la hâte, pour être plus tôt de retour, et les danses commencèrent pour ceux qui voulurent rester. Il y eut grand couvert chez M. le marquis. Le souper fait, on donna une seconde représentation de la petite pièce dont on vient de parler, tant pour ceux qui n'avaient pas pu se trouver à la première, que parce que les acteurs ne s'étaient pas trouvés assez affermis dans leurs rôles, à cause de l'excessive précipitation avec laquelle cette pièce avait été faitte, apprise et jouée. Aussi le fut-elle beaucoup mieux à cette seconde fois.

Après qu'on eut admiré quelque temps une brillante illumination, on fut trouver les violons dans la serre de l'orangerie, où tout le monde pouvait aisément contenir, et cinq contredanses tourner à la fois sans s'embarrasser. Personne ne fut exclus de danser en la compagnie de Madame de Montmorin : elle animait tout, et si on eût eu autant de forces que de courage, trois heures du matin n'eussent pas été celle de la retraite.

Mais elle sonna vainement pour Mesdames de Montmorin,

---

[1] L'auteur de cette pièce n'est pas nommé. Serait-ce M. Bénard lui-même, ou M. Lezard, greffier de la ville de Fontainebleau, que le manuscrit donnait primitivement pour collaborateur à M. Jamin dans les *Bergers Jaloux* et le *Chevalier supposé*, mais dont le nom a été ensuite biffé ?

de Bourron¹, de Banneville et de Cœcony. Ces dames infatigables, de retour à l'hôtel, firent un réveillon qu'elles apprêtèrent seules, et dès que le jour parut², elles se firent conduire à un village nommé Thomery, fameux pour les matelottes, où elles en mangèrent une de leur composition avec un appétit et une délectation qu'elles seules peuvent dire.

La veille de sainte Marguerite³, patronne de madame la Marquise⁴, fut l'occasion d'un nouveau divertissement. Une bouquetière eût monté une brillante boutique de tous les bouquets qui lui furent présentés. Il n'y eut pas jusqu'à une compagnie d'enfans, qui se mirent de leur mieux sous les armes, et vinrent en bon ordre lui offrir un bouquet. Elle sourit avec bonté à cet innocent hommage, et fit donner au petit capitaine de quoi régaler largement sa petite troupe.

Après souper, on se rendit, à l'heure qui avait été indiquée, dans les jardins de l'hôtel. On y avait élevé un élégant théâtre. Dès que madame la Marquise parut, la pièce commença. Elle était en un acte, intitulée : *les Bergers jaloux*⁵. Le sujet était le bouquet de Madame de Montmorin. Plusieurs seigneurs du voisinage ont résolu de célébrer sa fête. L'un a proposé de faire donner le bouquet, au nom de toute la contrée, par les jeunes garçons et les jeunes filles choisis de leurs paroisses, habillés en bergers ; en conséquence, de décerner un prix pour celui des bergers qui ferait le meilleur compliment. Ce prix est une montre d'or, l'honneur de dire le compliment et d'offrir le bouquet. Survient par accident un financier honnête homme, et son épouse, amis de ce seigneur qui leur raconte le projet commun, et leur propose d'y prendre part. Le financier saisit

---

1. Marie-Henriette de Béringhen, veuve de F.-P. de Varennes, colonel d'infanterie, dame de Bourron et Marlotte.

2. Lundi 13 juillet.

3. Le 19 juillet, un dimanche.

4. Mᵐᵉ de Montmorin s'appelait Catherine-*Marguerite* Morin de Banneville.

5. Cette pièce n'est pas ici parce que M. Bénard n'en est pas l'auteur, mais M. Jamin, prévôt de Fontainebleau.

l'offre, et promet 5o louis au pardessus : la financière veut marier le vainqueur, et lui faire un présent de noces. Parmi les bergères est une filleule de la financière, de sorte que Licidas, dont le compliment a été jugé le meilleur, et qui est épris d'une autre bergère que de la filleule, apprehende que la financière ne la lui destine. L'amante de Licidas est dans la même crainte, le soupçonne, et lui reproche de ne la pas partager. Celui-ci croit avoir lieu de penser de même de sa bergère. D'un autre côté, Thimante, amant de la filleule, lui témoigne l'appréhension qu'il a de la perdre, et les motifs qui le portent à le croire. Tout cela jette beaucoup d'intérest dans la pièce, et en offre naturellement le titre. Mais la bonne financière et sa filleule dissipent ces méfiances mutuelles et raccommodent tout. Licidas et Thimante ont chacun l'assurance d'être unis à leurs amantes. Alors plus de difficulté pour le succès de la fête. Le compliment est prononcé, et le bouquet offert par Licidas. Madame la Marquise le couronne et lui donne une guirlande de fleurs, avec laquelle elle lui souhaite que l'amour le lie pour jamais à son amante. Le berger va déposer sa couronne sur la tête, et sa victoire aux pieds de sa bergère. La pièce se termine par un vaudeville analogue, dont les couplets eussent pu faire honneur au théâtre de l'Opéra-Comique.

On croyait que c'était tout, quand le pâtre d'Avon, en habits déguenillés, vint se fourrer à travers des bergers, pour donner aussi son bouquet : ce qui fit une scène bouffonne contre laquelle tout le phlegme possible ne put tenir ; la rate d'Héraclite s'y serait dilatée. On exécuta un petit ballet fort gai, il y eut une allemande dansée par Mlle de Cœcony l'aînée avec un goût, une vivacité et une précision admirables. Un petit feu d'artifice mit fin à la fête, et congédia les spectateurs très contens.

On ne put assés admirer dans la pièce l'art avec lequel l'auteur avait sçu caractériser les actrices, dans les rôles qu'il leur avait fait prendre. Elles y étaient peintes avec une délicatesse, des traits, et une expression qui ne permirent pas de les méconnaître. Heureux du reste, d'avoir rencontré d'aussi charmants modèles, qui rendans la beauté de ses portraits frappants, ne l'avaient cependant pas réduit à la nécessité de flatter !

Madame la Marquise prouva encore à cette occasion de al manière la plus ingénieuse sa générosité. Elle donna quelques jours après un bal paré, et au plus fort de la danse on vit entrer le suisse tenant sous le bras une cassette, et à la main une lettre, qu'il fut remettre à Madame de Montmorin. C'était un inconnu qui, après s'être félicité sur l'hazard heureux qui l'avait fait assister et prendre part à la fête, lui demandait permission de lui offrir aussi son bouquet, ainsi qu'à M. le Marquis. Effectivement il y en avait deux très-beaux dans la cassette. Ensuitte, donnant à l'auteur et aux acteurs les justes éloges que leur zèle et leurs talens lui avaient semblé mériter, il suppliait madame la Marquise de vouloir bien leur faire agréer de sa part quelques légers présens, auxquels la reconnaissance l'engageait, disait-il, envers eux. Chaque présent portait son étiquette qui indiquait sa destination, et était, ainsi que les bouquets, accompagné d'un couplet, adapté au personnage à qui il s'adressait. C'était des nœuds d'épée brodés en or, des vestes de drap d'or, des écritoires garnies en or, et divers autres bijoux. C'était, pour les dames, des sacs à ouvrage aussi brodés en or, et autres choses choisies à leur usage. Ces présens avaient leur prix; mais comment en fixer à la manière dont ils étaient offerts?

Enfin, la dernière fête fut le bouquet de Madame la Marquise de Pominville, ayeule de Madame de Montmorin, le 14 août[1], veille de l'Assomption. On lui ménagea la surprise d'un spectacle complet qui fut donné dans la Salle de Comédie de la ville[2], et où tous les principaux habitans furent invités.

---

1. Vendredi 14.

2. Construite en 1766, rue de Nemours, cette salle n'existe plus depuis longtemps. Elle a été remplacée par celle de la rue Marrier, tout à fait indigne d'une ville comme Fontainebleau.

Dès 1756, Anne-Maurice Lenoir de la Thorillière, alors doyen de la Comédie-Française, et son camarade François-Armand Huguet reçoivent le brevet d'un terrain sis rue de Nemours pour y construire à leurs dépens une salle de spectacle. La Thorillière meurt en 1759, Armand en 1765. Le 3 janvier 1766, un nouveau brevet concède la jouissance du terrain au fils d'Armand. Bientôt la salle est achevée, et dès l'automne 1767, la Comédie-Française y donne quatre représentations par ordre du Roi. L'année

La salle fut aussi remplie qu'elle put l'être, et l'assemblée elle seule formait un coup d'œil satisfaisant. Jamais auteur ne rendit mieux une surprise agréable que Madame de Pominville, lorsque, comptant entrer dans un salon, elle se vit dans une loge de comédie, entourée de toute une ville.

La principale pièce était : *le Mari retrouvé*¹, comédie de Dancourt², dont il est par conséquent inutile de rendre compte.

Elle était précédée d'une petite pièce en forme de prologue, que l'on pouvait appeler : *le Chevalier supposé*³. C'était précisément une partie de bois qu'avaient faite quelques jours auparavant Madame de Montmorin et sa compagnie, et qu'elle avait fait mettre en scènes.

A sa fête⁴ on avait pris goût aux farces du pâtre d'Avon. Cela encouragea celui de Samois⁵ à venir aussi à son tour faire les siennes avec sa femme pour donner un bouquet à Madame de Pominville, ce dont ils s'acquittèrent tous deux au gré et aux grands éclats de rire des spectateurs. Ils chantèrent chacun leur couplet, et dansèrent leur petit menuet avec toutes les grâces qu'on devait attendre d'eux.

Le jour de l'Assomption⁶, la compagnie des grenadiers et celle des volontaires de la ville firent bénir un drapeau, et ren-

---

suivante, elle y joue *Tancrède* et *le Cercle* pour le roi de Danemark, le spectacle ne pouvant avoir lieu au château, à cause du deuil de la Reine (28 octobre 1768). — Armand, le directeur privilégié, y fait représenter deux comédies de sa façon : *le Cri de la Nature*, 1 acte en vers (20 octobre 1769), et le *Moyen d'être heureux*, ou les *Bienfaisans*, traits historiques mis en drame, 3 actes en vers (1770). En 1773, le privilège passa aux mains de Dalainval; il fut aussi concédé à Mlle Montansier.

1. Comédie en un acte en prose avec un divertissement, par Florent Carton Dancourt, qu'une légende fait naître à Fontainebleau. La musique est de Gilliers. Représentée pour la première fois à la Comédie-Française dont l'auteur était sociétaire, le 29 octobre 1698, cette comédie était restée au répertoire. On la jouait souvent à la cour; on l'avait donnée à Versailles le 6 février précédent, on la rejoua à Versailles le 9 mars 1773.
2. 1661-1725.
3. Par M. Jamin.
4. Le 19 juillet.
5. Village voisin, siège de la prévôté du Monceau depuis 1617.
6. Samedi 15 août.

dirent conjointement un très-beau pain béni. Et comme M. de Montmorin les a pris spécialement sous sa protection, elles allèrent en grande pompe lui présenter une brioche monstrueuse. C'est un ancien usage, qu'elles ont fait revivre, et qui mit fin à toutes les fêtes, M. le Marquis, qui partit le lendemain[1] pour la Cour, ayant emmené avec lui tous les plaisirs.

> Au Tems, ce destructeur, qui dans son vol rapide
> Fait disparaître tout sous sa tranchante faux.
> Il fallait opposer une invincible égide
> Qui parât de l'oubli nos fastes les plus beaux.
> Tracés par une main habile,
> Ils auraient dans mille ans pu trouver des lecteurs.
> Mais aujourd'hui, que BANNEVILLE,
> Que MONTMORIN soient leurs approbateurs :
> Bien que tracés par une main timide
> Que la seule Vérité guide,
> On chérira long tems ces archives des cœurs.

APPENDICES

I

Le Monceau.

Il résulte d'un aveu-dénombrement de la terre du Monceau fourni le 13 août 1515 en la chambre des comptes « par Pierre du Monceau, seigneur d'icelle, que le fief du Monceau, assis en la paroisse d'Avons et en la forest de Bierre, s'étendait sur les paroisses de Thomery, Avons, Samois et Bas-le-Roy qui sont le long de la rivière de Senne, avec droit de pêcherie et droits de cinq ports et passages de la dite rivière,

---

1. Dimanche 16 août.

qui sont : le port de la Grange-du-Temple, cy-devant de la Hiboudière (Champagne), le port du Courtil-aux-Regnards, le port Saint-Aubin, le port Heurtebise et le port Valvin. »

En 1536, le roi François Iᵉʳ, pour agrandir le parc du château de Fontainebleau, veut échanger les lieux, terre et seigneurie du Monceau, comprenant aussi le fief d'Avon et une partie même de Fontainebleau, contre les chastellenie, terre et seigneurie royale d'Yèvre-le-Chastel, au bailliage d'Orléans¹.

A cette époque, le Monceau était estimé 18,936 l. 1 s. 6 d.

Le 20 juin 1537, la cour des comptes prononça l'échange de la seigneurie du Monceau contre la châtellenie royale d'Yèvre-le-Châtel, appliquant à toujours et inséparablement le Monceau au domaine du Roi et, pour la soulte, ordonnait que le Roi paierait à François du Monceau, chevalier, seigneur de Quinquempoix et de Saint-Cyr, lieutenant porte-enseigne de 100 gentilshommes de la maison du roi, la somme de 560 livres 16 sous 9 deniers. Des lettres patentes du 8 août suivant confirmèrent les conclusions de la cour des comptes.

M. Damour a dit, dans un excellent article inséré au tome IIᵉ des *Annales de la Société hist. et arch. du Gâtinais* (1884), pourquoi ces actes ne reçurent pas d'exécution.

Ce fut seulement le 9 avril 1609 que fut définitive-

---

1. Aujourd'hui commune du département du Loiret, arrondissement et canton de Pithiviers, 500 habitants.
2. Pages 145 et suivantes.

ment passé le contrat d'échange entre le roi Henri IV et la dame du Monceau, Gabrielle d'Allonville, veuve de Gui de Rochechouart, seigneur de Châtillon le Roi et d'Issy, par-devant Laurent Haultdenet et Martin Tibault, notaires garde-nottes du roi à Paris.

L'échange, jugé « nécessaire pour l'embellissement de la maison de Fontainebleau », ne porte plus alors sur Yèvre-le-Châtel, mais sur les terres, seigneuries, châtellenies et mandements de Sury, Saint-Romain, Montsempt et Saint-Marcellin, sis au pays et comté de Forez[1]. Le Monceau entra donc au domaine de la couronne de France, et dès 1623, le baron de Persan recevait le brevet de don de cette seigneurie et des revenus en dépendant.

En mars 1640, Antoine Clérissy, ouvrier de S. M. en terre sigillée, l'un des imitateurs et continuateurs de Bernard Palissy, obtenait des lettres patentes pour fonder une verrerie royale à Fontainebleau. L'anné suivante 1641, Clérissy et ses associés installaient leur fabrique au Monceau : ils avaient pouvoir d'y faire des verres de cristal, miroirs, glaces, et des ouvrages de terre sigillée, et réussirent dans leur entreprise[2].

En 1655, M. le marquis de Montmorin, nommé gouverneur et capitaine des chasses, recevait en don de S. M. l'usufruit des domaines et seigneuries de Fontainebleau, Monceau, Avon et dépendances.

---

1. Archives nationales Q¹ 1424.
2. J'ai relevé, sur les registres de la paroisse d'Avon, à la date de juillet 1642, la signature *Cleryssy* : « Anthoine de Clericy, escuier, m^tre de la verrerie royalle de Fontainebleau, est parrain d'Anthoine, fils de Jehan Tricquain; marraine : Marie Jamin ».

Clérissy fut encore parrain à Avon le 16 février 1643.

C'est au même titre que, le 27 septembre 1721, son fils et survivancier Charles-Louis, « donataire de tous les cens, rentes et droits féodaux et seigneuriaux de la terre du Monceau et dépendances », constituait son receveur et procureur général André Girard pour percevoir les dits droits[1].

D'après une « *Veüe et perspective du parterre du Tybre, des Cascades et de l'Etang de Fontainebleau* » gravée par Aveline à la fin du XVIIe siècle, le château du Monceau aurait eu une importance considérable. On aperçoit, à l'extrémité est du canal (sur lequel voguent deux galères), de grands bâtiments, que la fantaisie de l'artiste a vraisemblablement exagérés, comme elle a donné à la butte du Monceau et aux hauteurs du Calvaire une apparence alpestre ou pyrénéenne.

La famille de Montmorin eut la jouissance du Monceau jusqu'à la Révolution.

La loi du 21 mai 1791 dota la Liste civile du domaine de Fontainebleau et de *ses dépendances*, et, le 18 germinal an II, le Monceau fut adjugé, comme « bien national », au citoyen Charles-André Morlet, de Cély, propriétaire à Fleury-en-Bierre : il appartient aujourd'hui à son petit-fils, M. Gustave Morlet, horticulteur-pépiniériste.

Sa contenance actuelle est de.	8 h. 74 a. 27 c.
Clos et jardin.	5 h. 65 a. 46 c.
Pépinière.	3 08 81

---

[1]. Minutes de Me Paul Gaultry, notaire à Fontainebleau (communication de M. Henri Stein).

II

Les Montmorin.

La maison de Montmorin est l'une des plus anciennes de la province d'Auvergne, d'où elle tire son origine.

Elle porte « de gueules, semé de molettes d'argent, au lion de même ».

Le premier de cette famille qui se rattache à l'histoire du Monceau est :

A. *François-Gaspard* de Montmorin[1], chevalier, marquis de Saint-Hérem, seigneur de Volore, comte de Chasteauneuf, baron de Saint-Gervais, la Molière et autres lieux[2], conseiller du roi.

Né vers 1620, il commença sa première campagne en 1640, au siège d'Arras, et commanda en 1646 le régiment de cavalerie de La Tour-Bassompierre, servit ensuite dans celui de La Ferté-Saint-Nectaire jusqu'au commencement de 1648. Depuis, il demeura toujours auprès du Roi, fut pourvu de la charge de grand-louvetier de France en 1655 sur la démission de Nicolas de Bailleul, seigneur du Perray, et à la fin de la même année de celle de gouverneur et capitaine des chasses de Fontainebleau, qu'il a conservée

---

[1]. Fils de Gilbert-Gaspard de Montmorin, seigneur de Saint-Hérem, qui mourut le 27 février 1660.

[2]. Province d'Auvergne.

jusqu'à sa mort arrivée au mois de juillet 1701. Il avait épousé Anne Le Gras, fille de l'intendant d'Anne d'Autriche, dont il eut deux filles, Anne-Louise et Marie-Thérèse[1], et le fils qui suit :

B. *Charles-Louis*, né en 1674, fut reçu dès 1677 en survivance de la charge de gouverneur et capitaine des chasses de Fontainebleau; mort le 10 juin 1722, en sa 48e année. Il avait épousé, le 6 février 1696, Marie-Geneviève Rioult de Douilli, dont il eut :

C. *Jean-Baptiste-François*, né en 1704[2], fils aîné du précédent dont il obtint la survivance en mars 1717; marquis de Saint-Hérem, baron de Volore et de Châteauneuf, seigneur de la Molière; fit les campagnes de 1745-46 sous Maurice de Saxe, lieutenant-général des armées du roi après Maëstricht (10 mai 1748), grand-forestier de la forêt de Bierre, gouverneur de la maison royale et capitaine des chasses de Fontainebleau, gouverneur de Belle-Isle-en-Mer (fév. 1772), chevalier-commandeur des ordres du Roi à la promotion du 1er janvier 1773; mort en 1779, après cinquante-cinq ans de services; avait épousé, le 25 février 1724, Constance-Lucie-Adélaïde de Valois de Villette (morte avant 1757), et, en secondes noces, Catherine-Marguerite Morin de Banneville, de laquelle il eut :

---

1. Marie-Thérèse, dame de Montmorin, religieuse à l'Esclache, puis de l'abbaye de Saint-Antoine de Sens, nommée abbesse des bénédictines de Troyes.

2. Quelques biographes le font naître en 1697.

D. *Louis-Victoire-Hippolyte-Luce*, comte de Montmorin, né le 13 décembre 1762, le seul de ses sujets que le roi Louis XV eût tenu en personne sur les fonts de baptême, le 13 octobre 1763, avec madame Victoire représentant la reine Marie-Thérèse ;

Ministre des affaires étrangères en 1790 ;
Massacré le 2 septembre 1792.

L'hôtel Montmorin à Paris était rue Poissonnière.

En 1773, le marquis demeurait rue des Champs-Élysées.

www.ingramcontent.com/pod-product-compliance
Lightning Source LLC
Chambersburg PA
CBHW030107230526
45471CB00003B/1305